酷科学

宇宙大爆炸

[英] 费利西娅·劳
格里·贝利 著
[英] 麦克·菲利普斯 绘
雍寅 译

中国水利水电出版社
www.waterpub.com.cn
·北京·

目录

引言

宇宙浩瀚无垠。它实在太大了，大得超乎我们的想象。那么，宇宙中到底有些什么呢？那里充满了各种神奇的事物，有的硕大无朋，有的十分渺小。除此以外，还有很多我们根本看不到的东西。

我们能够看见的是卫星、行星、恒星乃至数十亿个星系。它们都是由原子构成的。事实上，原子是化学变化中的最小粒子，它们结合起来就构成了宇宙——当然也包括我们。我们也是由原子构成的。

宇宙中的这些“东西”到底从何而来呢？这一切还要从一个名叫“奇点”的微小物质说起。它以巨大的力量向外膨胀，科学家将这一过程称为“大爆炸”。正是它引发了后续一系列的变化，最终才有了我们的世界。

现在就跟随我们一起去探索神奇的宇宙吧！

很久很久以前

确切地说，是137亿年前，当时发生了一个“事件”，从那之后，宇宙便诞生了——恒星、行星、星系，还有很多未知事物就这样出现了。科学家将这次事件称为“大爆炸”，因为它规模巨大又极为重要。

宇宙的诞生

大多数科学家认为，世界最初只是一个很小很小的点，当中包含了形成宇宙——所有星系、天体以及全部空间，当然也包括一切能量。这个点就叫作“奇点”。

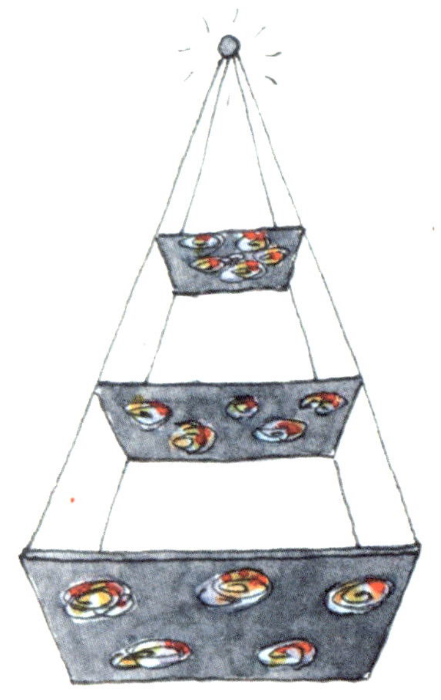

可以确定的是，“大爆炸”发生时几乎没发出什么巨响。它根本算不上是爆炸，反倒更像一个在超短时间内被吹起来的气球，并且以极快的速度不断膨胀。

不到一分钟——其实也就只有几秒钟，宇宙就从小小的“奇点”向外膨胀了数十亿千米。

如今它还在继续膨胀。

零点几秒后

在几分钟内，第一批粒子——小到看不见的质子和中子——开始互相结合，并以极快的速度飞出了数十亿千米。

38万年后

38万年后，质子和中子形成了最初的原子——主要是氢原子和氦原子。

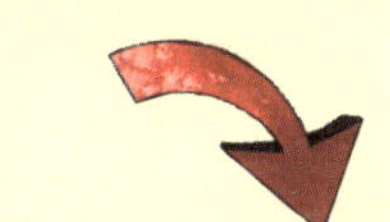

137亿年后，也就是现在

星系还在不断地形成——目前大约有1000亿个。宇宙正在一点一点地被填满！

为什么叫“大爆炸”

“大爆炸”概念是由英国的天文学家弗雷德·霍伊尔（Fred Hoyle）提出来的。霍伊尔在英国剑桥大学工作，虽然他想出了这个名字，但他并不认同“大爆炸”理论。

那其实是另一个人的想法。

乔治·勒梅特

1927年，比利时神父和学者乔治·勒梅特（Georges Lemaître）最早提出了这个想法。他认为，宇宙是由一个初始的点膨胀形成的。这个点的体积极小，但是密度极大且炽热，他称之为“原始原子”或者“宇宙蛋”。他认为，承载整个星系的空间从那时起就一直在膨胀。

勒梅特的同行并不赞同宇宙膨胀的说法。如果不是天文学家爱德文·哈勃（Edwin Hubble）的发现，勒梅特的“大爆炸”理论很可能会就此止步。

爱德文·哈勃

就在两年之后（1929年），美国天文学家爱德文·哈勃有了一个惊人的发现，足以证明乔治·勒梅特的想法很有道理。通过威尔逊山天文台巨大的胡克望远镜，哈勃观察到了远在银河系之外的星系。

越远越快

他将这些星系在几个星期内的移动轨迹绘制出来，结果发现它们正在远离我们。

他还观察到，这些星系走得越远，速度就变得越快。于是他就想，如果它们正在走远，那么一定是在远离某个东西——说不定就是初始的那个点。

他断定，在很久以前的某个时刻，这些星系是聚集在一起的，或许就是勒梅特所说的“原始原子”。由于发生了某个事件，使得它们各奔东西，踏上了向外膨胀的旅途。

哈勃的发现为乔治·勒梅特的“大爆炸”观点和宇宙膨胀理论提供了依据。

大爆炸那一刻

不可思议的是，科学家竟然推测出了大爆炸发生那一刻的情形。

显然，当时宇宙的温度比现在高了几十亿甚至上百亿摄氏度。而且它的密度极大，因为有很多“物质”都被挤在这个有限的空间里。宇宙开始慢慢降温，等到条件适宜的时候，一些东西便出现了。

物质登场

这些东西就是组成物质的“原材料”。大到星系，小到身体里的细胞，我们所能看到的一切都是物质。

而这就发生在大爆炸后几秒钟的时间里。

大约38万年后，第一批原子——小到看不见的物质——由更小的质子和中子形成了。第一批原子主要是氢原子和氦原子。现在，氦和氢仍然是宇宙中含量最丰富的元素。

因此，在大爆炸之后的很长一段时间里，原子大量出现并形成了气体云团。

恒星、行星和星系

又经过了160万年的漫长岁月，这些气体云团在引力的作用下形成了恒星。引力是一种能够将物体彼此拉近的力量。

在恒星内部，出现了一些较重的原子——碳原子、氧原子和铁原子。在一些恒星周围，它们诞生时剩余的“原材料”形成了球状物质。这些物质又构成了行星和卫星，并且在恒星引力的牵引下，继续绕着恒星转动。

一颗恒星连同它的行星、卫星以及其他沿轨道运行的天体一起，就构成了类似太阳系的天体系统。

许多相互环绕的恒星——有的还拥有自己的“太阳系”——就构成了一个星系。

仙女星系有约一万亿颗恒星。它是距离我们银河系最近的星系。

恒星的一生

在晴朗的夜晚，当你仰望天空时，就会看到星星在不停地闪烁。有时它们看上去有数百万之多——事实上也的确如此。

恒星的诞生

在原子出现后大约160万年，许许多多的原子聚集起来形成了气体云团——足有好几百万个！这些气体（主要是氢气）和尘云被它们自身的引力束缚在了一起。

氢气燃烧使得气体云团变得越来越热，最终达到了1000万摄氏度，于是便引发了核反应。此时，不同原子的原子核碰撞到一起，相互聚合并释放出巨大的能量。这个过程就叫作核聚变。

核聚变产生的能量形成了另外一种力，它能够与引力的作用相抗衡，于是就阻止了云团（即现在的恒星）的坍缩。也就是说，引力将恒星束缚在一起，而核聚变阻止了它们的坍缩。

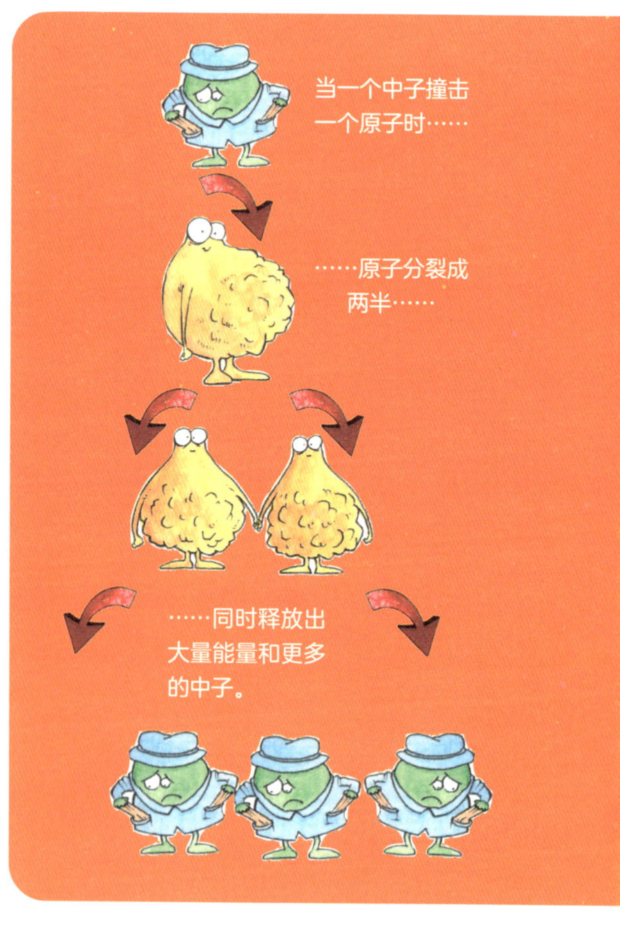

所有恒星都是这样形成的。

在恒星（例如太阳）内部，氢原子核融合到一起形成氦原子核。整个过程所产生的能量以光和热的形式被释放出来。

我们的恒星

太阳的主要成分是氢，它就是通过不断的核聚变反应来产生能量的。在太阳的核心区域，每秒钟就有6.2亿吨的氢聚变成氦。

聚变—裂变

核聚变能够产生能量。此时，原子发生碰撞，位于原子中心的原子核便“贴”在了一起，或者说相互融合。

核裂变时，一个较大的原子会分裂成两个或两个以上的小原子。核裂变也会释放出大量的能量。

如果我们能够让这些能量缓缓释放出来，就可以用它们来发电，为居民生活提供电力。

如果这些能量以完全失控的方式喷涌而出，就会导致连锁反应，引起核爆炸。

恒星的终结

然而总有一天，恒星会耗尽自己所有的氢燃料。此时引力会让恒星朝着它的核心区域不断挤压，越压越紧，它会变得更加滚烫。这颗恒星的外层开始膨胀，它的体积会变成原来的100倍。

它成了一颗红巨星。

最后，这颗红巨星的外层部分会飘向太空，只留下核心区域。由于没有核反应，这颗白矮星（此时恒星已经变成白色，而且体积较小）最终会变成冰冷的黑色余烬。于是恒星的一生就这样结束了。

离我们最近的恒星就是太阳。虽然它已经50亿岁了，但仍然处于年富力强的中年期呢！

星系

星系是由恒星组成的庞大系统。科学家至今也没有搞清楚它们到底是如何形成的，不过他们提出了几种可能性。一种可能性是在“大爆炸”发生后，原子和其他物质聚集在一起组成了恒星，进而构成星团，最终形成了星系。

涡状星系是一个巨大的螺旋星系，它的螺旋臂十分明显。

螺旋星系

星系的形状是由它内部恒星的排列方式决定的。离我们最近的恒星太阳就位于银河系的一个螺旋臂中。螺旋臂从银河系中心的凸起处向外延伸。银河系绕其中心旋转的速度越快，它的形状就越扁平。螺旋星系中既有新生恒星，也有老年恒星。

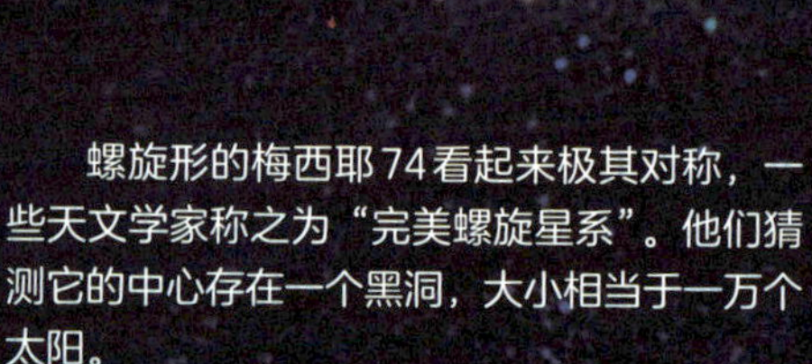

螺旋形的梅西耶74看起来极其对称，一些天文学家称之为“完美螺旋星系”。他们猜测它的中心存在一个黑洞，大小相当于一万个太阳。

木刺星系，又叫刀锋星系，它与我们的视线成90度角，因此我们只能观察到它的侧面，看上去就像一个薄薄的圆片。

星系团

和世间万物一样，星系之间也存在引力。在引力的作用下，它们可以将其他星系拉向自己。也就是说，星系往往会聚集在一起形成星系团或者星系群。我们的银河系就是某个星系团中的一员。

有些星系团非常庞大，包含了成千上万个星系。它们被称为超星系团。

波德星系是另一个大型的螺旋星系。它的螺旋臂非常明显地向其中心区域旋入。

南风车星系属于棒旋星系。除了内部恒星的凸起，它的中央还有一个由恒星聚集形成的短棒状区域。

NGC 1398同样也是棒旋星系，它的内部有一个密度很高的圆环，将中央明亮的核心包围起来。这个圆环其实是两个相互逼近的螺旋臂。与显眼的核心区域相比，它的螺旋臂看起来明暗不均。

NGC 2403的螺旋臂看起来有些模糊斑驳，不太清晰。这是因为它大部分被气体和尘埃遮盖住了。

有时它也被称为“隐藏的星系”。它就在我们银河系的后面，天文学家很难观察到它。

巴纳德星系中的巴纳德星因为体积小而被称作矮星。

银河系

我们的银河系大约有400万个太阳那么大。它容纳了至少1000亿颗行星！这张照片里的银河系看起来已经十分密集了。然而事实上，还有1000万颗恒星由于光度过于微弱而没有被相机捕捉到。

本星系群

宇宙中存在数十亿个星系，这些星系大多会聚集在一起形成一个个星系群。本星系群就是由银河系和其他30多个星系组成的。其中，体积最大的三名成员分别是仙女星系、银河系和三角星系。

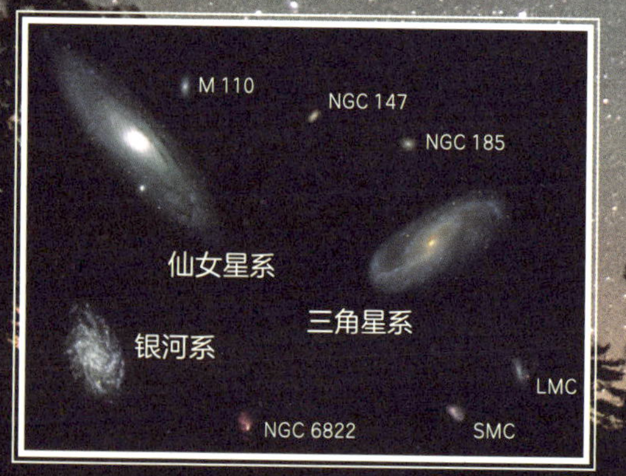

美国宇航局的哈勃太空望远镜能够深入观察到银河系的中心。通过它我们可以看到，这个由50多万颗恒星组成的星团，正在绕着银河系中心的超大质量黑洞旋转。

其他天体

除了恒星、行星和星系，宇宙中还有许多壮观而神奇的天体，例如星云、中子星、类星体、脉冲星，新星以及神秘的黑洞。

脉冲星

星云

星云实际上只是宇宙中一个模糊的“斑块”。它是由气体和尘埃组成的。星云可以自己发光，也能反射附近恒星的光线。

星云

超新星

超新星实际上是恒星演化过程中的一种现象。它是宇宙中最剧烈的“爆炸”。当恒星的中央区域（也就是内核）发生变化时，就会出现这种爆炸。当恒星耗尽了核燃料，内核中的物质由于太重而无法支撑，就会形成一次巨大的爆炸。恒星也因此走向终结。

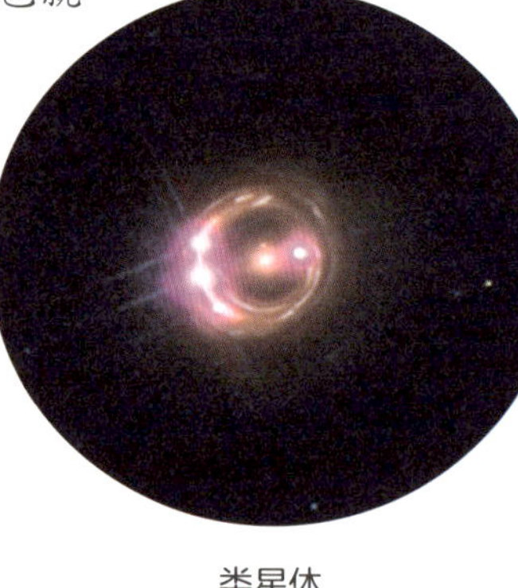

类星体

类星体

起初，天文学家把类星体当成了遥远的恒星。如今，他们已经知道二者的区别。事实上，类星体远在数十亿光年之外的星系中心。它所发出的光是由盘旋在超大质量黑洞上方的一个圆盘（主要成分是气体、尘埃和恒星碎片）产生的。随着气体向内部移动，它会变得越来越热，发出更亮的光。与此同时，粒子流会以接近光的速度从圆盘中心射向太空。

中子星

超新星爆炸后会留下一颗坍缩的中子星。它几乎全部是由一种名叫中子（与构成原子的中子相同）的微小粒子组成的。中子星的直径通常只有20千米——与恒星相比简直微不足道——但是它内部所含的物质比太阳还要多。因此，它的密度极高。

新星

新星是一种亮度突然增亮的恒星。它的亮度可以增至原来的1万倍，然后再恢复到最初的程度。当一颗伴星（通常是成对出现的恒星）上的物质落到年老的恒星（即白矮星）上时，就会出现这种情况。此时会发生爆炸，使得白矮星的亮度瞬间增强。天文学家将这种亮度突然增加的恒星称为新星。

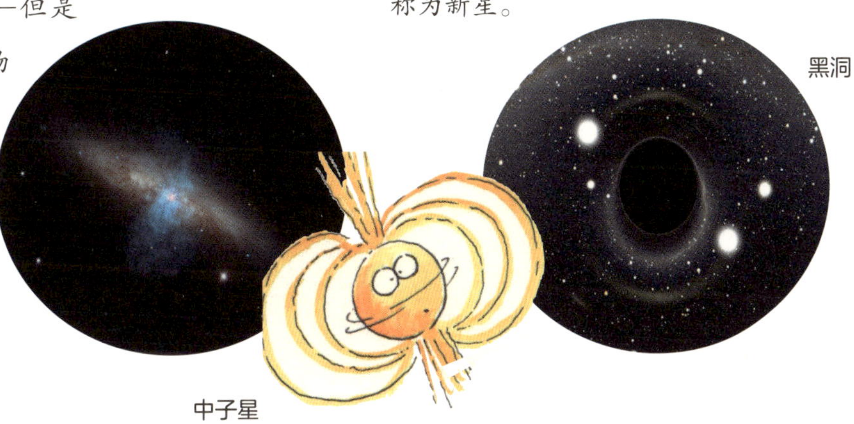

脉冲星

脉冲星是一种密度超高的旋转中子星（类似于地球自转）。它就像灯塔一样一边旋转，一边向外发射电磁波。脉冲星也拥有强大的磁场，只不过它的磁场大约是地球的10000亿倍。辐射光束（也就是脉冲）就是通过脉冲星的磁极发向太空的。

黑洞

黑洞的密度极高。它的引力非常强，以至于任何太靠近它的东西都无法逃脱，就连光也不例外。所以黑洞无法被直接观测到，它也因此而得名。黑洞可能是由巨大的恒星在生命末期坍缩而形成的。我们在一些星系的中心发现了超大质量的黑洞，它们和数百万个太阳的质量相当。

科学家是怎么知道这些天体的呢？他们又是通过什么手段不断获得天体信息的呢？

观测设备

现代化的望远镜是我们如今探索宇宙的好帮手。有的望远镜可以识别来自遥远天体的光，而有的能够追踪穿梭于宇宙的热辐射或者色彩斑斓的射线。它们有的坐落于陆地上，有的则放在遥远的外太空中。

美国新墨西哥州的甚大天线阵。

射电望远镜

射电望远镜探测的是无线电波，这是范围最广也是最容易被人类接收到的电磁波。宇宙天体向外发射无线电波，射电望远镜捕捉到信号，并将它转化为科学家能够识别的信息。

甚大天线阵（Very Large Array）是世界上最大的射电望远镜。它有27台独立的无线电天线，每台天线都和一间房子差不多大。这个天线阵位于美国的新墨西哥州，所有天线呈Y形排列，Y形每个臂都长达21千米，延伸至沙漠中。它们收集各种天体信号——近至月球，远至我们目之所及的宇宙边缘。

X射线望远镜

这类望远镜主要用于研究太阳、恒星和超新星。X射线望远镜识别的是波长较短的电磁波。它们在高空中的工作效果更好——例如在大气稀薄的高山顶上，或者最好在外太空。这样一来，它们就不会受到大气层的干扰，可以更好地接收X射线信号。

反射式望远镜

哈勃太空望远镜是最大的反射式望远镜——和一辆公交汽车差不多大。它在我们上方约600千米处绕地球飞行。它利用红外线和紫外线拍到了许多星系的壮观景象，有的星系甚至远在数万亿千米之外。

哈勃望远镜见证过恒星的诞生和消亡。它还曾观测到彗星碎片与木星表面相撞的现象。

不过，它很快就会被有史以来最厉害的太空望远镜取代。（参见第41页）

电磁波谱

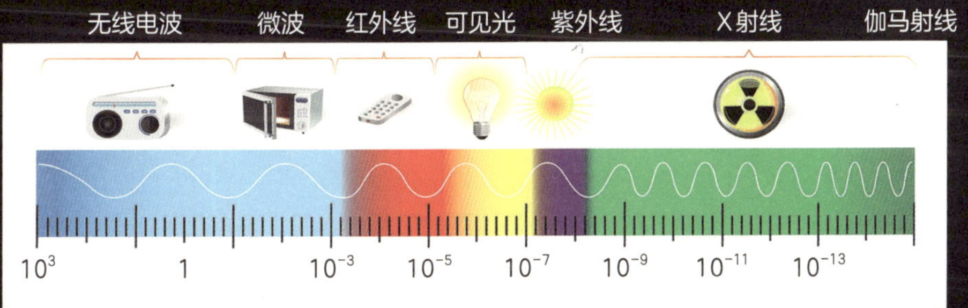

微波望远镜

微波望远镜主要负责采集温度数据，它们能拍出一种神奇的照片——宇宙的“婴儿照”。

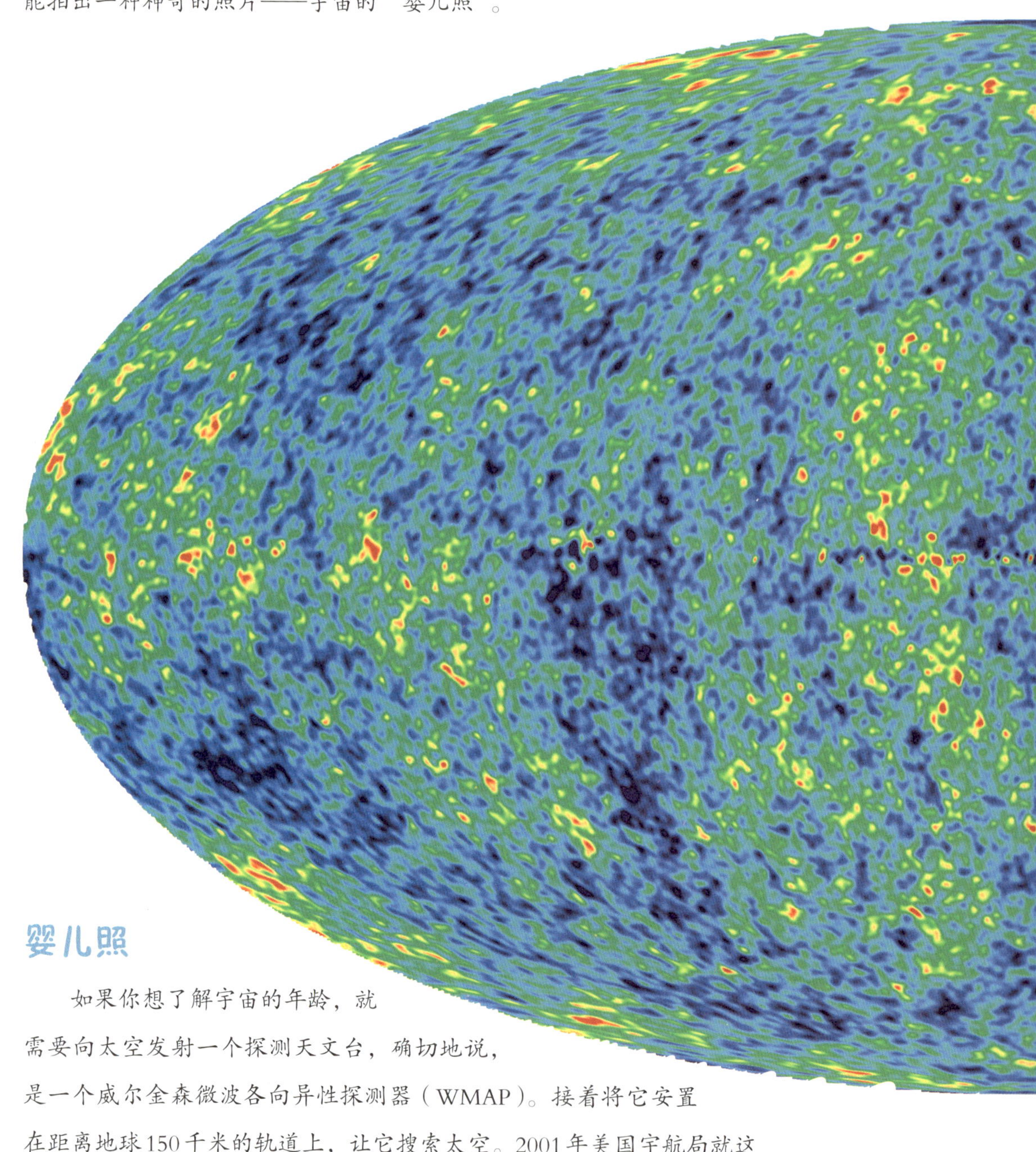

婴儿照

如果你想了解宇宙的年龄，就需要向太空发射一个探测天文台，确切地说，是一个威尔金森微波各向异性探测器（WMAP）。接着将它安置在距离地球150千米的轨道上，让它搜索太空。2001年美国宇航局就这样做过。

星系种子

威尔金森微波各向异性探测器能勘测整片天空温度的微小波动，并采集微波背景辐射（“大爆炸”留下的辐射）。它耗时九年才完成这些工作，并生成了能够显示138.2亿年前温度变化的照片。照片上的不同颜色代表了这些变化。每个斑点都是一颗新的星系“种子”。

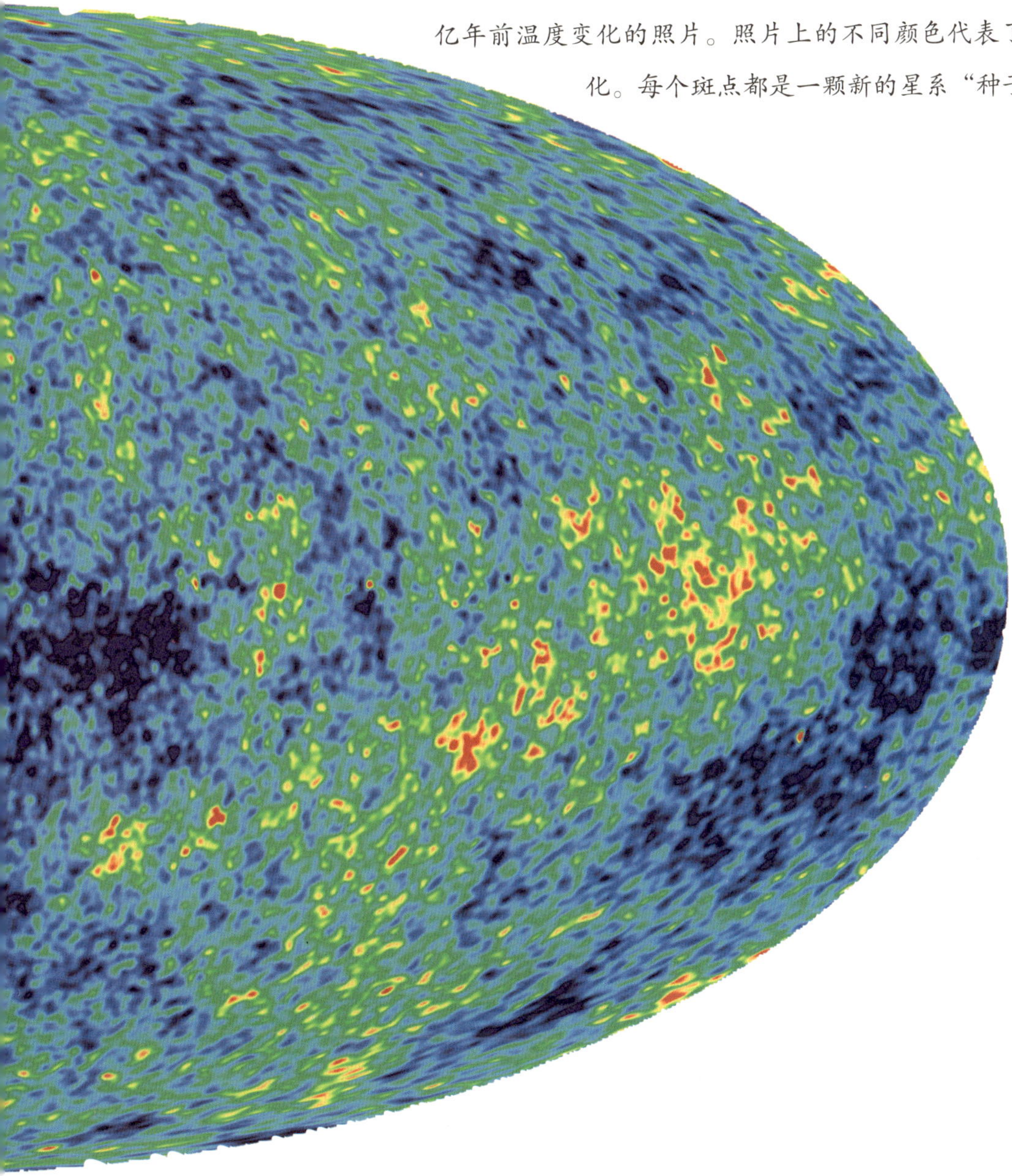

威尔金森微波各向异性探测器能够计算出宇宙的年龄，也就是第一批恒星最初发光的时间——大约140亿年前。

数学来帮忙

那么，科学家是如何知道这些的呢？他们怎么知道宇宙从何时开始，"大爆炸"又在何时发生？他们怎么知道恒星与星系之间的距离，以及它们形成的时间呢？其实这一切都要归功于数学！而科学家首先解决的就是光速测量的问题。

光移动的速度十分惊人。我们开车时的车速往往很快——差不多100千米每小时。但这根本没法跟光速相比——大约299700千米每秒。

我们开灯的瞬间就会看到光。这是因为我们距离光源——灯泡非常近。

但是，太阳离我们就要远得多了——大约1.5亿千米。因此，太阳光大约需要8分17秒才能到达地球。

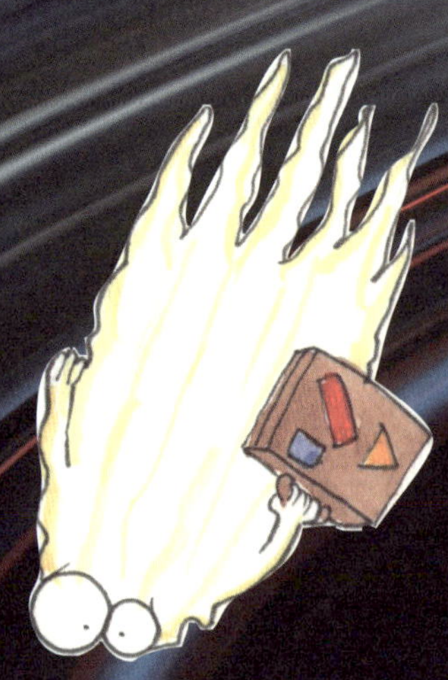

我已经在路上了。

至于其他恒星，它们的光就要经过更长的时间才能到达地球。

光年

天文学家用望远镜观察恒星的时候，他们会望向遥远深邃的外太空。距离我们地球最近的恒星（太阳除外）大约在38000000000000（38万亿）千米之外。还有好几百万颗恒星在更遥远的地方！因此，天文学家需要一种简便的计量方法，可以不必在距离后面写那么多的零。于是，他们提出了“光年”这个单位。一光年是指光在一年内所走的距离，也就是9460800000000（超过9万亿啦！）千米。

看见的全是过去

有了“光年”，我们就可以估计一颗恒星的年龄。例如，如果在100万光年之外有一颗恒星，那么它的光到达地球就要花100万年的时间。因此，我们在望远镜里看到的实际上是这颗恒星100万年前的模样！

遥远星系发出的光需要经过130亿年才能到达地球。

哈勃太空望远镜拍到了130亿年前的星系，当时宇宙的年龄在4亿—8亿岁之间。

天体离我们越遥远，我们看到它的模样就越年轻。天文学家就是根据这一事实来确定宇宙年龄的。

我们只能看到4.9%

科学家将恒星、星系以及所有看得到的天体称为“普通物质”。

普通物质里有什么

普通物质的质量就是它所包含的原子质量的总和。每个原子由三种粒子组成——质子、中子和电子。其中，质子和中子占据了原子大部分的质量，它们位于原子核中。

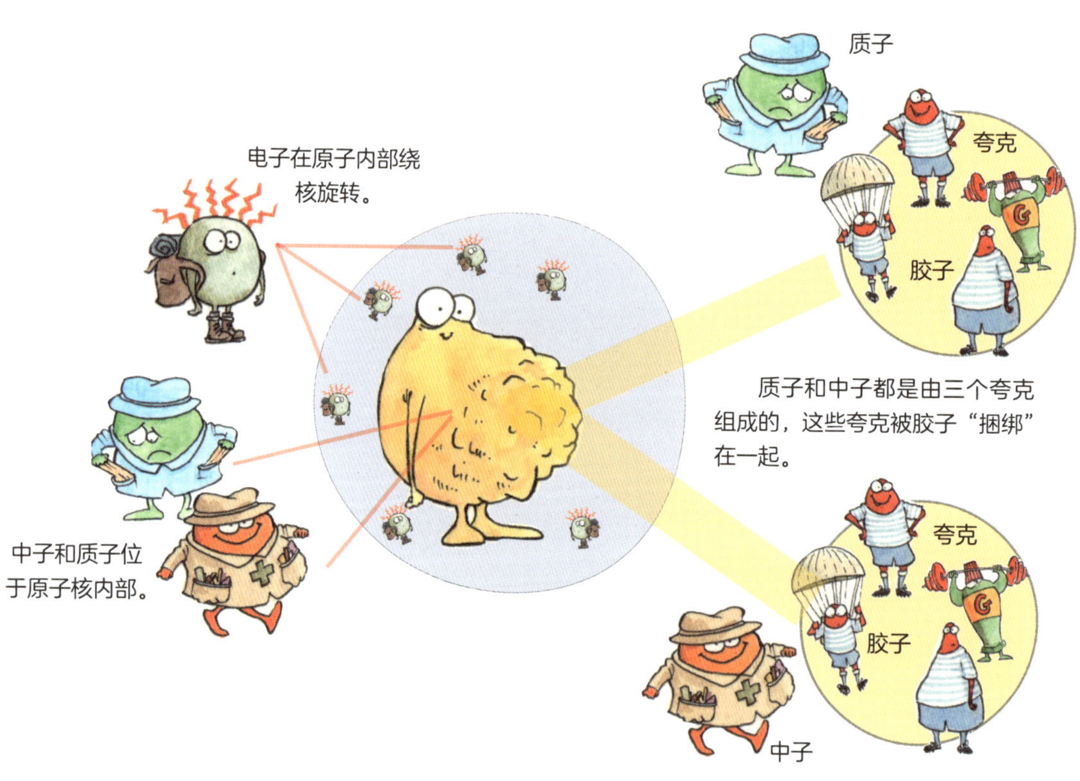

但是，宇宙中并非只存在“普通物质”。事实上它只占了宇宙的4.9%——不是很多。

剩下的95.1%全都是由我们看不见的东西组成的，也就是隐藏的物质！

很多人都想找到它们！

标准模型

早期的科学家知道，世界是由自然界的一些“原材料”组成的。他们所说的是一种不能继续被分割的简单物质。当时科学家认为原子就是这样的“原材料”。

然而，现在我们已经清楚，除了原子以及原子核内的质子和中子，原子内部还有其他更小的组成部分——基本粒子。基本粒子是构成物质的最小单位，它们不能再被分割成更小的粒子。

科学家一直在不断寻找新的粒子，他们也取得了丰硕的成果。对了，这里所说的“科学家”其实是粒子物理学家。除了基本粒子外，他们还发现了很多其他粒子。

接着，科学家根据每个粒子的“行为”方式，对基本粒子进行了分组（参见右侧图）。

* 它是否旋转？
* 它是否带有电荷？（是正电还是负电？）
* 它是否有质量？
* 它的寿命有多长，或者说它能持续多久？

科学家建立的这套理论叫作“标准模型”理论，它解释了世界的构成及其内在的联系。

基本粒子的标准模型

标准模型是一种非常基本的理论，它介绍了“粒子家族”的各个成员，还解释了它们之间的相互作用。

基本粒子可以分为三大类：夸克、轻子和规范玻色子。所有已知粒子都是由夸克和轻子构成的。这些粒子通过交换规范玻色子进行相互作用。

载力子，即规范玻色子，解释了太阳的能量和放射性。胶子负责在两个夸克之间传递强作用力，将它们牢牢地束缚在一起，并最终形成原子核。

对了，还有希格斯玻色子……

寻找希格斯玻色子

寻找希格斯玻色子是粒子物理学家所从事的最激动人心的探索。整个过程已经耗费了数十亿美元，参与其中的科学家有好几千人。为什么他们对这件事有如此高的积极性呢？

寻找希格斯玻色子

希格斯玻色子是标准模型中最后一个被发现的基本粒子。多亏了这一重要发现，我们才能够解释粒子（夸克、轻子和载力子等）是如何获得自身质量的。这也是它们能拥有体积、重量乃至形状的方式。

追寻这种神秘粒子的科学家明白，任何能够给予其他粒子质量的粒子，肯定本身就很重。它不仅具有很大的质量，而且——一旦与另一个粒子相遇，彼此之间交换或者传递质量——它会在不到1纳秒的时间内衰变（并且消失）。

因此它很难被人发现。

在“场”中相遇

所以，没有质量的粒子在与希格斯玻色子相遇的过程中，可以获得一些质量。科学家将两个粒子相互接触或碰撞的地方称为“无形的场”，并以其中一位发现人彼得·希格斯（Peter Higgs）的名字将它命名为“希格斯场”。

希格斯场并非只存在于某个地方——它是无处不在的。没有它，就没有我们的世界。

科学家认为，在“大爆炸”刚刚发生时，希格斯场还没有零。但是，随着宇宙逐渐冷却、温度下降，希格斯场开始不断增长。它是一种遍布全宇宙的能量场。

希格斯场里有一种名叫希格斯玻色子的基本粒子，希格斯场便利用它与其他粒子不断进行相互作用。当粒子经过希格斯场时，就会“获得”质量，这就跟物体穿过糖浆时速度减慢类似。粒子变重了，自然就会减速。

哗啦

希格斯玻色子就是与粒子在希格斯场发生的碰撞。这有点儿像我们跳进泳池时激起的水花——当时很大，但是很快就不见了。

既然希格斯玻色子如此重要，那么它是在哪里被发现的呢？科学家是否还在继续寻找它？

了不起的CERN

在法国和瑞士交界处的高山地下深处，有一座大型的研究机构。这个巨大的研究机构名叫CERN，即“欧洲核子研究组织”。科学家建造CERN就是为了揭开宇宙的组成及其诞生之谜。

全球合作

这里聚集了来自21个国家的物理学家和工程师，他们利用世界上最大、最先进的科学设备探索物质的构成——宇宙的秘密。

他们让粒子以接近光的速度相互碰撞，这样一来，就可以深入了解粒子的反应。碰撞是在粒子加速器中进行的。在碰撞发生之前，他们会用加速器提升粒子束的能量，然后再通过粒子探测器记录碰撞的结果。

多年以来，CERN取得了一些了不起的成就：他们找到了W玻色子和Z玻色子，并且发现了难以捕捉的希格斯玻色子。最近，他们还发现了五夸克粒子——由五个夸克组成的粒子。

亚原子：比原子小

原子已经非常小了，但是它的原子核比它还要小1万倍。比原子小的粒子就叫作亚原子粒子。而构成原子核的夸克和核外电子甚至比原子核还要小至少1万倍。

就连科学家也说不清它们到底有多小！

这是CERN的大型强子对撞机（LHC）。它是一台粒子加速器，足有27千米长。它于2008年首次启动运行，将质子束加速到了超高的速度。

质子以接近光的速度在大型强子对撞机中穿行。每个质子都在27千米长的环形隧道内，以超过11000圈每秒的速度绕行。

强子对撞机

CERN的大型强子对撞机由一整套机器设备组成，用来将粒子不断加速到更高的能量状态。它利用电磁场来控制带电粒子在27千米长的环形隧道内加速。

CMS

CMS（Compact Muon Solenoid）的全称是“紧凑型μ介子螺线管”，它是两个大型粒子物理学探测器之一。它被用来研究质子对撞，具体工作是寻找空间与时间的维度，并搜寻可能构成暗物质的粒子。CMS与ATLAS共同发现了希格斯玻色子。

ALICE

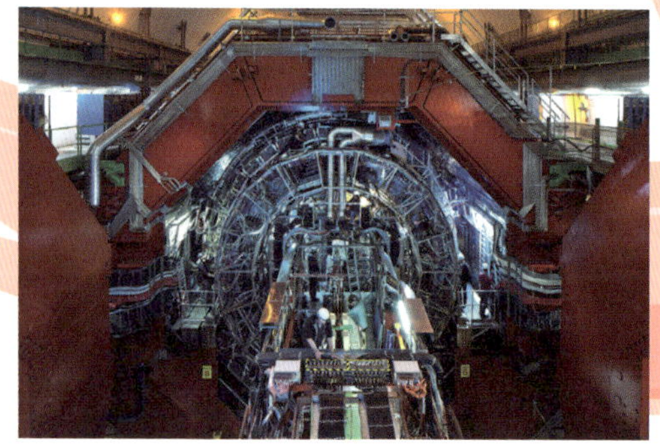

ALICE（A Large Ion Collider Experiment）的全称是“大型离子对撞实验”，它研究的是一种碰撞。这种碰撞所产生的高温高能，足以生成夸克胶子等离子体。

“大爆炸”发生后，这种物质在宇宙中仅存在了零点几秒。在这种等离子体中，夸克和胶子并没被牢牢地束缚在一起。科学家希望更深入地了解胶子、夸克，以及将它们束缚在一起的强核力是如何形成宇宙中大部分物质的。

两束粒子流分别通过不同的光束管，朝着相反的方向移动。

一个由超导电磁铁控制的强磁场引导它们旋转。

它们在加速环周围的四个区域发生碰撞，这四个区域与粒子探测器的位置相对应。

这是底夸克探测器（Large Hadron Collider beauty，缩写为LHCb），专门用于收集b强子的相关数据。b强子是包含底夸克的重粒子。根据探测器所收集到的信息，或许我们就能解释为什么宇宙中的物质比反物质多得多。反物质是由反粒子构成的。反粒子与普通物质的粒子质量相同，但是具有相反的电荷。科学家认为，物质和反物质应该是等量的，然而事实并非如此——他们很想知道其中的原因。

LHCb

ATLAS

超环面仪器（AToroidal LHC ApparatuS，缩写为ATLAS）是一个相当特殊的粒子检测器。ATLAS的电缆有近3000千米长。来自38个国家的约3000名物理学家参与了这个项目。有了高能量的ATLAS，我们就可以观测到以往低能量粒子加速器无法看到的高质量粒子。

隐藏的物质

CERN的研究人员还想知道是什么在推动宇宙的膨胀。他们已经确定宇宙中存在另外两种物质：一种叫作暗物质——它有引力，但是不会发光。研究人员认为它占了整个宇宙的26.8%。另一种是暗能量，也叫反引力，它所占比例为68.3%。

暗物质

随着观测设备的不断进步，天文学家能够更加深入地观察遥远的宇宙。他们在星系中发现了一些不太合理的现象。

这些星系转得非常快。按理说，它们内部的恒星和气体所产生的引力并没有强大到能将它们束缚在一起的程度。一般来说，物体需要更强的力量才能转得更快。当星系旋转过快，其内部恒星和气体所产生的引力无法将它们束缚在一起时，整个星系就会解体，当中所有的物质都会被甩向太空。

星系团也是同样的道理。它们原本应该四分五裂，可事实上仍然在一起。这就说明，当中肯定存在某种额外的力量将它们束缚起来。

某种神秘的物质产生了强大的引力，将星系中的恒星和气体牢牢地束缚在一起。宇宙学家将这种物质称为“暗物质”。

看不见的黑暗

宇宙学家从未见过暗物质，因为它和恒星不同，不会发出任何光线。不过他们仍然坚信，将近27%的宇宙是由暗物质构成的。

物理学家兼作家艾伦·莱特曼（Alan Lightman）将暗物质比作“房间里看不见的大象”——你明知道它在里面，因为地板被它踩出了凹痕，你却看不到也摸不到它。

它到底是什么

其实，目前没有人真正知道暗物质到底是什么。不过，人们正在努力寻找答案。大多数宇宙学家认为，它和我们所能看到的物质不同，不是由原子构成的。相反它很可能是由完全不同的粒子构成的——也就是在“大爆炸”后零点几秒内出现的粒子。

中微子和我们

太阳一秒钟能产生数十亿个中微子——它们穿过太空，来到地球。事实上，每秒钟都有数百万个太阳中微子从我们的身体里飞驰而过，而我们根本察觉不到。

WIMPS

因此，我们必须将这些粒子也纳入标准粒子模型当中。它们有可能是弱相互作用重粒子（Weakly Interacting Massive Particles，缩写为WIMPs）；也可能是某种中微子，或者是一种名叫轴子的弱粒子。至于它们到底是什么，我们只好拭目以待了。

不论暗物质是什么，它不仅能在宇宙中穿梭，还会来到我们身边！我们也是故事的一部分，不妨坐下来好好听一听吧！

暗能量

如果宇宙不断膨胀，那么一定存在某种推动它的能量。宇宙学家认为，答案就是神秘的暗能量——不过，目前没有人能讲清楚它到底是什么。这是一个尚未解开的谜团。

推动宇宙膨胀

有人认为这种能量存在于真空当中，因此有时也称它为真空能量。不论它是什么，推动宇宙膨胀的神秘力量似乎就来自它。暗能量充斥在每一寸空间里。宇宙的很大一部分就是由它构成的，科学家认为这一比例将近70%。

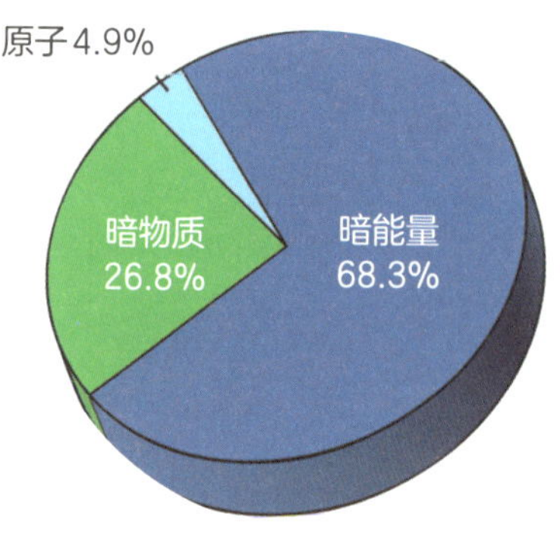

膨胀的宇宙

最初，宇宙中只有很少的暗能量。但是随着宇宙的膨胀，当中的物质不断向远处扩散，空间的密度变得稀薄。于是，暗能量趁机充溢空间，占据了主导地位。这样的情况一直持续了几十亿年。

长久以来，宇宙学家认为宇宙的膨胀速度正在放缓。

如今他们终于明白，在50亿到60亿年前，物质间的引力大幅减弱，直到暗能量占据了优势。于是，宇宙开始加速膨胀。

现在，宇宙膨胀的速度还在加快。

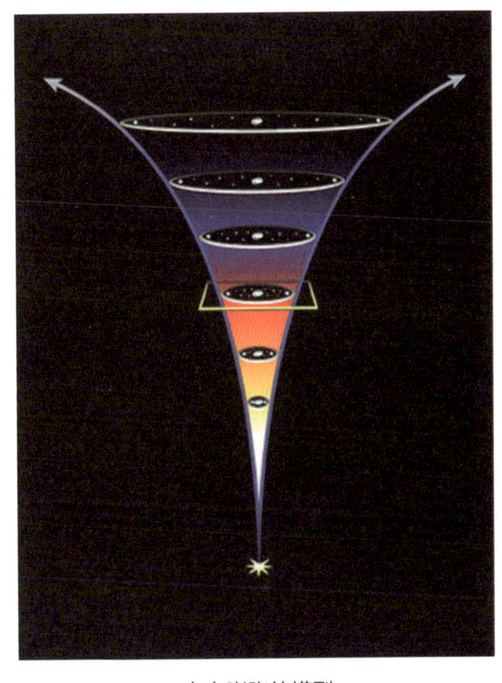

宇宙膨胀的模型

雅克的故事

这位是雅克·皮纳尔（Jacques Pienaar），他是研究宇宙的行家。雅克是天体粒子物理学家。这个职业听起来很复杂，但它研究的其实就是基本粒子（例如标准模型中的粒子）以及它们与构成宇宙物质之间的关系。

为什么皮纳尔会对这份工作产生兴趣？他每天都干些什么呢？我们也能成为天体粒子物理学家吗？

一起来听听他的故事吧。

“我一直很喜欢钻研各种东西的工作原理。小时候，我对飞机特别着迷。我就想知道物理学对飞机的设计有什么影响。

“渐渐地，我不再只对设计感兴趣，而是对材料产生了好奇心——我想了解那些材料的组成，以及当中真正有效的成分。

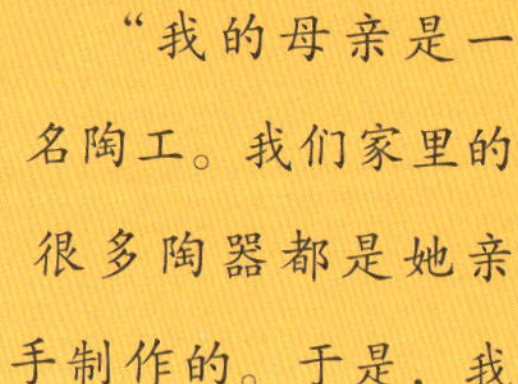

“我的母亲是一名陶工。我们家里的很多陶器都是她亲手制作的。于是，我便对烧制黏土时的化学变化产生了兴趣。到底是什么让柔软的黏土变得那么坚硬，居然能用来制作陶瓷餐具？

“因此，我在大学进修了材料相关的课程，并且取得了物理和化学双学位，这对于我之后的发展帮助极大。

"从南非的学校毕业后，我移居到了美国。从那时起，我便决定不再研究已知的物质，而是去寻找以往从未见过的新物质。

"因此，在美国普渡大学（因培养了23名宇航员——包括尼尔·阿姆斯特朗（Neil Alden Armstrong）——和多位荣获诺贝尔奖的科学家而闻名）期间，我花了大量时间分析数据。在那里我们有一个小型实验室，专门用来观察粒子的相互作用。

格兰萨索

"这份工作有时很让人沮丧。因为我们必须从成千上万乃至数百万的相互作用中进行筛选。我们找寻的目标正是大家非常感兴趣的暗物质。

"最令我兴奋的要数在意大利的格兰萨索国家实验室工作了——那是世界上最大的天体粒子物理地下实验室。我们在地下深处进行XENON1T实验。这是全世界灵敏度最高的暗物质粒子捕获实验。

我们一起参观了巨大的舱室。稍后那里会被填充进3.5吨超纯液态氙气。

XENON1T实验利用惰性气体氙气来探测暗物质。XENON1T探测器测量粒子与氙气相互作用时产生的微小闪光与电荷。

"新的探测器已经启动并开始运行。我将会留在意大利监测探测器的性能，确保它正常工作。"

雅克·皮纳尔（右）与笔者在格兰萨索国家实验室。

寻找暗物质

来认识一下世界各地的暗物质实验室吧！它们当中有很多都建立了协同合作的关系。例如，格兰萨索国家实验室接收到的中微子束，就是由500千米外的CERN实验室发射过来的。

加拿大萨德伯里微中子观测站：

DEAP、CLEAN、Picasso、COUPP、

DAMIC、SuperCDMS

美国苏丹地下实验室：

CDMS、CoGeNT

美国霍姆斯特克地下实验室：LUX、LZ

法国莫达讷地下实验室：EDELWEISS

美国华盛顿实验室：ADMX

西班牙坎弗兰克地下实验室：ArDM、ANAIS

英国博尔比实验室：DRIFT

意大利格兰萨索国家实验室：XENON、CRESST、DAMA/LIBRA、DarkSide

欧洲核子研究组织（CERN）的实验室：ATLAS、CMS

纳米比亚望远镜：HESS

拉帕尔马望远镜：MAGIC

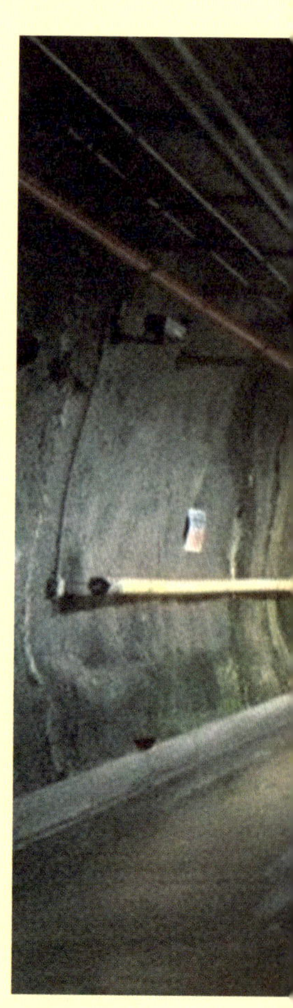

新墨西哥州的望远镜：甚大天线阵

在轨道上：ISS-AMS-02 Resurs DK1 PAMELA

韩国襄阳地下实验室：KIMS

中国锦屏地下实验室：PandaX、CDEX

日本神冈地下实验室：XMASS、Newag

南极实验室：DM Ice、IceCube

意大利格兰萨索国家实验室地下隧道。

何去何从

量子物理和粒子物理都是新近出现的研究领域。尽管2000多年来，科学家一直在和粒子打交道，但它们正式成为物理学分支可能还要归功于阿尔伯特·爱因斯坦（Albert Einstein）。爱因斯坦是理论物理学家。他提出了著名的相对论，即关于“时空”的理论（对所有观察者来说运动定律都是相同的）。他还提出了辐射理论，并认为光是由光子组成的。

玛丽亚·格佩特-梅耶

玛丽亚·格佩特-梅耶（Maria Goeppert Mayer）也是一位理论物理学家。她提出任何元素都包含特定数目的质子（原子核中带正电的粒子）。她还证明电子在绕原子核运动的同时也在绕轴自旋，这有点儿类似地球在绕太阳公转的同时也在绕轴自转。

从基本粒子的发现到标准模型的发展，我们对粒子物理学的理解有了长足的进步。然而，这并不是终点。世界各地研究中心的科学家正在利用粒子加速器继续探索暗物质与暗能量。

爱因斯坦和格佩特-梅耶带动了物理学研究大踏步地前进。但是接下来它又该何去何从呢？

两大未解之谜

标准模型无法解释的问题之一就是引力。科学家一直在努力攻克这个难题。另一个未解之谜是反物质。从理论上讲，“大爆炸”产生的物质和反物质应该是等量的。可是为什么宇宙中的物质却比反物质多那么多？

更深更远

为了看到宇宙中最初恒星和星系的形成过程，我们就必须深入太空，放眼遥远的“过去”。因此，开发探索宇宙的新式望远镜势在必行。天文学历史上最大的建设热潮即将到来。

韦伯空间望远镜主要用于研究宇宙中星系、恒星和行星的形成过程。

天文学家正在智利和夏威夷（还有外太空）建造超强的望远镜，它们将令目前最先进的设备相形见绌。新式的詹姆斯·韦伯空间望远镜比哈勃望远镜强大10倍。它即将发射升空。很快，我们就可以用它来观察外太空，探索外面的世界。同时，钱德拉X射线天文台还将继续研究普通光学望远镜无法看到的X射线图像。

为了研究最初恒星的形成过程，我们必须观测宇宙中的红外线，并使用能够接收红外线辐射的望远镜。

外星生命

除此之外，我们还在找寻宇宙中的外星生命。科学家并不否认宇宙中存在其他生命体的可能性。可是，恒星和星系间的遥远距离会不会成为我们探索的阻碍呢？作为“突破聆听”计划的一分子，澳大利亚的帕克斯射电望远镜正在努力寻找智慧生命的迹象。

让我们拭目以待吧。

词汇表

爱德文·哈勃：美国天文学家，在天体物理学领域有突破性的发现。

暗能量：一种未知的能量形式，被认为是宇宙膨胀的原因。

暗物质：一种未知的物质，约占宇宙质量的27%。

本星系群：由30多个星系组成的星系团，其中包括银河系。

彼得·希格斯：英国理论物理学家，因为在亚原子粒子质量研究方面作出贡献而荣获诺贝尔奖。

标准模型：包含所有已知亚原子粒子的分类图。

磁场：由电流产生的具有磁力的区域。

大爆炸：一种学说，是指宇宙诞生之初物质快速膨胀，整个过程就像一次大规模的爆炸。

电子：带负电的亚原子粒子，存在于所有原子中。

反物质：反物质是由反粒子组成的，反粒子与普通物质的粒子质量相同，但是具有相反的电荷。

反引力：也叫暗能量，它占了大约70%的宇宙空间。

格兰萨索国家实验室：位于意大利中部山区的实验室，主要负责寻找暗物质。

光年：描述天文距离的单位，相当于光在一年内所走的距离。

光速：光传播的速度，即299792458米每秒。

轨道：行星和卫星在太空中遵循的路径。

国际空间站（ISS）：绕低轨道地球运行的空间站，科学家可以在上面生活和实验。

哈勃太空望远镜：30年前被送入低地球轨道的一台空间望远镜，负责从太空向地球发回数据。

核聚变：一种核反应，两个原子的原子核相互融合，形成更重的原子核并释放能量。

黑洞：具有极强引力的空间区域，巨大的恒星在其生命末期就会坍缩形成黑洞。

恒星：依靠自身引力将等离子体束缚在一起的发光球体。

夸克：一种基本粒子，是物质的基本组成部分。

粒子：物质的一个微小组成部分。

粒子加速器：利用电磁场将带电粒子束以接近光的速度发射出去的机器。

粒子检测器：用来探测、跟踪和识别粒子的设备。

螺旋星系：星系的一种，它内部的恒星和气体云团会形成一个或多个螺旋臂。

美国宇航局（NASA）：美国为探索宇宙和进行太空教育而设立的机构。

欧洲核子研究组织（CERN）：位于瑞士和法国边境的实验室，物理学家和工程师在这里探寻宇宙的基本结构。

奇点：宇宙在“大爆炸”之初的可能状态。

轻子：一组基本粒子，是构成物质的“原材料”。

氢：最轻的一种元素。

天文学家：研究宇宙的科学家。

望远镜：一种光学仪器，能够放大远处的物体以便观察。

威尔金森微波各向异性探测器：在2001年至2010年间运行的航天器，用于测量“大爆炸”后剩余的热辐射。

物质：物质是由粒子所组成的。

希格斯场：一种无处不在的能量场，粒子在那里相遇并相互作用。

仙女星系：仙女星系是距离银河系最近的邻居。

星系：由恒星、气体、尘埃和暗物质组成的系统，它们通过引力被束缚在一起。

亚原子：比原子小的粒子叫作亚原子粒子。

银河系：太阳系所属的星系。

引力：任意两个物体之间存在的相互吸引力。

原子：原子是化学变化中的最小粒子，当它们结合在一起时，就构成了所有已知的化学元素。

质量：衡量物体惯性大小的量度。

质子：一种带正电的亚原子粒子。

索引

内 容 提 要

这套书是写给孩子的靠谱科学书，选取孩子感兴趣的“宇宙、基因、大脑、人体”等话题，用孩子感兴趣的语言讲述它们各自的秘密，让孩子能够在有趣、丰富、好玩儿的沉浸式探索中增长知识，并激发孩子的探索欲，培养孩子的科学思维。

图书在版编目（CIP）数据

酷科学 : 全4册 / (英) 萨伦娜·泰勒, (英) 费利西娅·劳, (英) 格里·贝利著 ; (英) 麦克·菲利普斯绘 ; 雍寅译. -- 北京 : 中国水利水电出版社, 2022.6

书名原文: The Stuff. (The Stuff of the Family、The Stuff of the Universe 、The Stuff of You、The Stuff of your Brain)

ISBN 978 7 5226-0720-7

Ⅰ. ①酷… Ⅱ. ①萨… ②费… ③格… ④麦… ⑤雍… Ⅲ. ①科学知识—儿童读物 Ⅳ. ①Z228.1

中国版本图书馆CIP数据核字(2022)第086335号

北京市版权局著作权合同登记号：图字 01-2022-1665

书　　名	酷科学（全四册） KU KEXUE (QUAN SI CE)
作　　者	[英] 萨伦娜·泰勒　费利西娅·劳　格里·贝利　著　雍寅　译
绘　　者	[英] 麦克·菲利普斯　绘
出版发行	中国水利水电出版社 （北京市海淀区玉渊潭南路1号D座　100038） 网址：www.waterpub.com.cn E-mail：sales@mwr.gov.cn 电话：（010）68545888（营销中心）
经　　售	北京科水图书销售有限公司 电话：（010）68545874、63202643 全国各地新华书店和相关出版物销售网点
排　　版	北京水利万物传媒有限公司
印　　刷	山东新华印务有限公司
规　　格	185mm×260mm　16开本　12印张　149千字
版　　次	2022年6月第1版　2022年6月第1次印刷
定　　价	189.00元